AF257791

Liste des membres résidant

M. Langlès

Conservateur à la

Bibliothèque Impériale

LISTE

DES MEMBRES RÉSIDANS

ASSOCIÉS LIBRES,

ET

CORRESPONDANS

DE

LA SOCIÉTÉ PHILOTECHNIQUE

LISTE

Des soixante Membres résidans, des vingt Membres associés libres et des associés correspondans, français et étrangers, de la Société Philotechnique de Paris.

MEMBRES RÉSIDANS.

1.er **Augustin** (Jean-Baptiste-Jacques), peintre en miniature et sur émail. Reçu le 24 octobre 1804 ; rue Croix des Petits-Champs, n.° 25.

2.e **Barouillet** (Jean-Martin), sous-chef de la 3.e division de la Grande Chancellerie de la Légion d'honneur. L'un des fondateurs ; rue de Grenelle faub. St. Germain, n.° 5.

3.e **Berthelemy** (Jean-Simon), peintre d'histoire. Professeur aux Ecoles spéciales, membre de la ci-devant Académie de peinture et sculpture, et honoraire du Musée central des arts. Reçu le 23 octobre 1798 ; palais des Beaux - Arts, Quatre Nations.

4.e **Bervic** (Jean-Guill. Barvez), graveur en taille-douce. Membre de l'Institut de France, des Académies royales de Copenhague et de Berlin, de l'Athénée de Paris. Reçu le 24 octobre 1804.

5.e **Bouilly** (Jean - Nicolas), homme de lettres ; de la Société académique des enfans d'Apollon de Paris ; de la Société des sciences, arts et belles-lettres de Tours. Reçu le 5 mai 1796 ; rue d'Antin, n.° 10.

6.e **Cambry** (Jacques), propriétaire. Des Académies Celtique de France et de Cortone, des Sociétés d'Agriculture de la Seine ; littéraires d'Abbeville, Avignon, Boulogne, Grenoble, l'Orient, Mâcon, Montpellier, Nantes, Nismes, Vérone, etc. Reçu le 1806.

7.° Chabeaussiere (Ange-Etienne-Xavier de la), membre du Collége électoral de Seine et Oise. Auteur dramatique et littéra-
rateur ; des Athénées des arts de Paris et des étrangers; de
la Société libre des sciences et arts et de plusieurs sociétés
savantes. Reçu le 9 juillet 1796; rue des Marais, n.° 15, faub.
St. Germain.

8.° Chaudet (Antoine-Denis), statuaire de Sa M. l'Impératrice-
Reine; du Collége électoral de Paris. Ancien pensionnaire de
France à Rome ; agrégé de la ci-devant Académie de peinture
et sculpture; membre de l'Institut de France et de la Légion
d'honneur; de l'Académie de Bruges, etc. Reçu le 22 octobre
1797; rue de l'Université, n.° 31, faub. St. Germain.

9.° Chauvet (François-Siméon), chef au Ministère de la guerre.
Littérateur. Reçu le 5 octobre 1803; rue de Vaugirard, n.° 50.

10.° Cossé-Brissac (Marie-Pétronille-Timoléon de), membre du
Collége électoral et du Conseil-général de Maine et Loire. De
l'Académie étrusque de Cortone. Reçu le 22 janvier 1799 ;
rue Neuve des Capucines, n.° 9.

11.° Daru (Pierre), conseiller d'Etat, intendant général de la mai-
son de S. M. l'Empereur et Roi, commandant de la Légion
d'honneur. Membre de l'Institut de France et de celui de
Bologne; des Sociétés des sciences, lettres et arts et de l'A-
thénée de Paris, et de Montpellier, Aix-la-Chapelle, etc.
Reçu le   1807; place du Corps Législatif, n.° 85.

12.° Davaux (Jean-Baptiste), chef de division à la Grande Chancellerie de la Légion d'honneur. Amateur - musicien. Reçu le
1806; rue du Colombier, n.° 3, F. St. Germain.

13.° Decotte (Jules-François), ancien directeur de la monnoie des
médailles. Fondateur de la Société des Amis des arts. Reçu le
10 juin 1797; rue du Doyenné, n.° 6.

14.° Dégérando (   ), secrétaire-général du Ministère de
l'Intérieur. Membre de l'Institut de France et de la Légion
d'honneur. Reçu le   1807; Ministère de
l'Intérieur.

15.ᵉ Desprez (Jean-Baptiste), conseiller d'Etat de S. M. le Roi de
  Hollande, et son consul général près S. M. l'Empereur et
  Roi. Homme de lettres ; chevalier de l'Ordre du mérite de
  Hollande ; des Académies celtique de France et de Dijon.
  Reçu le   ; rue St. Guillaume, n.º 46.
16.ᵉ Duval (Amaury), chef du bureau des Sciences et beaux-arts ,
  au Ministère de l'Intérieur. De l'Académie celtique de France,
  de la Société d'agriculture, sciences et belles-lettres de Col-
  mar, etc. Reçu le 19 juin 1796; rue du Vieux Colombier.
17.ᵉ Duval (Alexandre), auteur dramatique. Reçu le 17 août 1797 ;
  rue de Menars.
18.ᵉ Fabre (Victorin), homme de lettres. De l'Athénée des arts ,
  des Sociétés académique des sciences ; des belles-lettres ; des
  sciences , lettres et arts de Paris ; des Académies du Gard ,
  de Grenoble, etc. Reçu le 2 avril 1807 ; rue Pavée St. André
  des Arcs.
19.ᵉ Foubert (Bernard-Jacques), administrateur honoraire du Musée central des arts. Fondateur de l'Athénée de Paris et de la
  Société des amis des arts ; membre de la Société d'encouragement pour l'industrie nationale. Reçu le 10 juin 1797 ; rue
  des Fossés St. Victor, n.º 19.
20.ᵉ Fourcroy (Antoine-François), conseiller d'Etat à vie, directeur général de l'Instruction publique. Professeur de chymie ;
  l'un des commandans de la Légion d'honneur ; membre de
  l'Institut de France et de plusieurs Académies françaises et
  étrangères. Reçu le 10 juin 1797 ; Muséum - Jardin des
  Plantes.
21.ᵉ Framery (Nicolas-Etienne), littérateur. Membre de l'Athénée
  des arts de Paris, et des Académies d'Amiens et d'Abbeville.
  Reçu le 23 mai 1796 ; rue Vivienne, n.º 15.
22.ᵉ Geoffroy (Etienne), professeur de zoologie au Muséum d'histoire naturelle. Membre de l'Institut d'Egypte et de la Légion
  d'honneur. Reçu le 25 mai 1796 ; Muséum-Jardin des Plantes.

23.e GILLET (Jean-Claude-Michel), membre du Collége électoral de
Seine et Oise, et de la Légion d'honneur ; maître des comptes.
Ancien professeur de l'Académie de législation, des Sociétés
académique des Sciences et arts de Paris et d'Agriculture de
Versailles. Reçu le 12 novembre 1803 ; rue de la Ville-l'Evê-
que, n.° 28.

24.e GINGEMBRE (. . . . .), chef-mécanicien de l'hôtel Impérial des
Monnoies de France. Reçu le 22 novembre 1797 ; hôtel des
Monnoies, quai de la Monnoie.

25.e GUICHARD (Jean-François), poëte et auteur dramatique. De
l'Athénée et de la Société des sciences et arts de Paris. Reçu
le 25 mai 1797 ; rue des Francs-Bourgeois, n.° 3 , faubourg
St. Germain.

26.e GUILLARD (Nicolas-François), poëte et auteur dramatique.
Reçu le 9 juillet 1796 ; quai de la Monnoie, n.° 17.

27.e JULLIENNE (Jean-Baptiste-Christophe), jurisconsulte. Reçu le
22 novembre 1798 ; cloître Notre-Dame, n.° 18.

28.e LACÉPÈDE (Bernard-Germain-Etienne), sénateur titulaire de la
Senatorerie de Paris, grand Chancelier et grand Aigle de la
Légion d'honneur, actuellement président du Sénat. L'un
des professeurs du Muséum d'histoire naturelle ; membre de
l'Institut de France et de l'Institut du royaume d'Italie ; des
Académies, celtique de France et royale de Gottingue ; des
Sociétés d'histoire naturelle, académique des enfans d'Apollon, philomatique, des pharmaciens de Paris ; de celles
d'agriculture d'Agen ; des Sciences et arts de Montauban ;
du Lycée d'Alençon, de l'Athénée de Lyon ; des Sociétés ,
d'Arragon, des curieux de la nature de Berlin, etc. Reçu le
9 juillet 1796 ; quai Voltaire, n.° 5.

29.e LANNON (Charles-Paul), peintre. Ancien pensionnaire de l'Académie de France à Rome ; de l'Athénée des arts, des Sociétés
libre des sciences, lettres et arts ; des belles-lettres de Paris

et autres des départemens. Reçu le 19 août 1797; rue de
l'Université, n.º 19.

30.ᵉ LANGLÈS (Louis-Mathieu), conservateur des manuscrits en
langues orientales à la Bibliothèque impériale. Membre de
l'Institut de France. Reçu le 19 juin 1796; rue Neuve des
Petits-Champs, n.º 12.

31.ᵉ LAVALLÉE (Joseph), chef de la 5.ᵉ division de la grande Chancellerie de la Légion d'honneur. Des Académies, celtique de
France; de législation de Paris; de Dijon; de Nancy et royale
de Gottingue : des Sociétés académique, libre des sciences,
lettres et arts; des belles-lettres; de l'Athénée; de la société
académique des enfans d'Apollon de Paris; des Sociétés galvanique et statistique de France; de celle d'Agriculture, des
sciences et des arts de Seine et Marne. Reçu le 5 mai 1796;
rue St. Thomas du Muséum, n.º 14.

32.ᵉ LEBARBIER l'aîné (Jean-Jacques-François), peintre. Membre de
la ci-devant Académie de peinture; citoyen de la ville de Beauvais; de l'Académie celtique de France; de l'Académie des
sciences, belles-lettres et arts, et de la Société d'émulation
de Rouen; de l'Académie de Dijon; trésorier de la société
des amis des arts de Paris. Reçu le 19 août 1797; quai des
Augustins, n.º 55.

33.ᵉ LECOMTE (Félix), statuaire. Professeur et administrateur des
Écoles spéciales de peinture, sculpture et architecture; de
l'Athénée de Paris; de la Société des sciences, lettres et arts,
même ville; de l'Académie de Dijon. Reçu le 22 avril 1805;
pavillon de l'Ouest, Quatre-Nations.

34.ᵉ LEFÈVRE (Robert), peintre de la Cour. Membre de la Société
académique des enfans d'Apollon. Reçu le 1806;
quai Bonaparte, n.º 3.

35.ᵉ LEGUAY (Etienne-Charles), peintre. Reçu le 19 août 1797; rue
de Bondi, n.º 46.

36.ᵉ LEMAZURIER (Pierre-David), littérateur. De l'Athénée des arts;

des Sociétés ; académique des sciences ; libre des sciences , lettres et arts. Reçu le 2 mai 1807 ; rue du Hazard , n.° 4.

37.° Luce de Lancival (Jean-Charles-Jules), professeur de belles-lettres au Lycé impérial. De l'Athénée des arts de Paris, de la Société des sciences et lettres de la même ville , et d'Emulation de Cambrai; des Arts, sciences et lettres de Soissons, etc. Reçu le   1804 ; rue d'Hanovre, n.° 6.

38.° Mangourit (Michel-Ange-Bernard), ancien résidant de France en Valais. De l'ancienne académie de Bretagne ; des Académies , celtique de France et royale de Gottingue. Reçu le 21 avril 1797 ; rue de Lille , n.° 55 , faub. St. Germain.

39.° Millevoye (Charles), poëte. Reçu le   1806; rue de Malte , n.° 8.

40.° Moitte (Jean-Guillaume), statuaire. Membre de l'Institut de France , de la Légion d'honneur ; de la ci-devant Académie royale de peinture et sculpture ; de celle de Dijon ; de l'Athénée de Paris. Reçu le 2 avril 1804 ; rue de l'Université, n.° 3.

41.° Moreau de St.-Méry (Médéric-Louis-Elie), conseiller d'Etat. L'un des commandans de la Légion d'honneur ; ex-administrateur-général des Etats de Parme, Plaisance et Guastalla ; de l'Académie celtique de France ; des Sociétés libre d'Agriculture de la Seine et du Doubs; galvanique ; sciences , lettres et arts ; d'encouragement pour l'industrie nationale ; académiques des Sciences et des enfans d'Apollon ; de l'Académie impériale de Turin et de celle de la Rochelle ; de la Société des Sciences et arts du Cap français , île St. Domingue ; de l'Académie de la sympemanie du Rubicon ; de la Société philosophique de Philadelphie, etc. , etc. , etc. Reçu le 2 juin 1806; rue Jacob, n.° 14.

42.° Pigault le Brun (Guill-Ch.-Ant.), vérificateur de l'administration générale des Douanes. Littérateur. De la Société des arts et belles-lettres de Calais. Reçu le 23 juillet 1796; rue Férou, n.° 24.

43.

43.ᵉ PONCE (Nicolas), graveur et littérateur. De l'Académie celtique
de France; de l'Athénée des arts; des Sociétés, académique
des sciences; d'institution; des sciences, lettres et arts de
Paris : des Académies de la Rochelle, Rouen, Dijon, Lyon,
Marseille et Parme; des Sociétés d'émulation de Rouen et
d'Anvers et de la Société d'agriculture, lettres et arts de
Châlons sur Marne. Reçu le 21 février 1802; cul-de-sac des
Feuillantines, n.º 10, faub. St. Jacques.

44.ᵉ POUGENS (Marie-Ch.-Jos.), membre de l'Institut de France;
de l'Académie celtique de France; des Sociétés philantropique et des sciences et des arts de Paris; de l'Athénée de Lyon;
des Académies de Cortone; de Rome; italienne de Livourne,
de la Société de littérature hollandaise de Leyde; corres-
pondant des Sociétés des sciences, belles-lettres et beaux-
arts de Soissons; d'Emulation et d'agriculture de l'Ain; des
Académie impériale des sciences de St. Pétersbourg; royale
de Gottingue; et de celle de Munich. Reçu le 19 août 1797;
quai Voltaire, n.º 17.

45.ᵉ RABOTEAU (Pierre-Paul), littérateur. De l'Académie des sciences, arts et belles-lettres de la Rochelle. Reçu le 21 juillet
1803; rue du Sépulcre, n.º 20.

46.ᵉ ROBERT (Hubert), peintre; conseiller de l'ancienne Académie
royale de peinture; administrateur honoraire du Musée central des arts; de l'Académie impériale de St. Pétersbourg.
Reçu le 10 juin 1797; rue Neuve du Luxembourg, n.º 19.

47.ᵉ ROTROU (Guill.-Joseph), employé au trésor public. Géomètre;
de la Société libre des sciences, lettres et arts de Paris; l'un
des fondateurs; rue de la Croix, n.º 19, quartier du Temple.

48.ᵉ RUELLE (Alexandre), ancien professeur d'astronomie à l'Obser-
vatoire royal; des Sociétés des inventions et découvertes de
Paris, et royale de Vergara. Reçu le 12 novembre 1796; Rue
de Menars, n.º 8.

49.ᵉ SAUVAGE (Piat-Joseph), peintre. De l'ancienne Académie royale de peinture et sculpture et de celle de Toulouse. Reçu le 10 septembre 1796; rue J. J. Roussean, n.º 3.

50.ᵉ SILVESTRE (Aug.-François), membre de l'Institut de France. Secrétaire de la Société d'agriculture; des Sociétés philomatique; d'encouragement; philantropique; d'histoire naturelle de Paris; des Académies et Sociétés savantes de Dijon, Châlons sur Marne, Turin, Versailles, Abbeville, Besançon, Mézières, Montpellier, du Mans, des Deux-Sèvres, de Nancy, de Caen, de Bordeaux, de Provins, de Rotterdam, de Leipsick; professeur d'économie rurale; ex-membre du bureau de consultation des arts et métiers; du conseil-général d'Agriculture et commerce du Ministère de l'intérieur et de celui du département de la Seine. Reçu le. . . . . . . , 1803; rue de Seine, n.º 12.

51.ᵉ VEAU DE LAUNAY (Claude), docteur médecin, professeur. Des Académies, celtique et de médecine de France; secrétaire de la Société galvanique; des Sociétés médicale d'émulation; d'agriculture de Paris, sciences et arts de Tours, et de médecine de la même ville. Reçu le 22 mars 1805; rue des Grands-Augustins, n.º 21.

52.ᵉ VALENCIENNES (Pierre Henri), peintre. Membre de la Légion d'honneur; de l'ancienne Académie royale de peinture et sculpture; des Sociétés des sciences, lettres et arts; d'histoire naturelle; académique des enfans d'Apollon; de l'Athénée de Paris; de la Société d'émulation d'Anvers; du lycée de Toulouse, etc. Reçu le 15 novembre 1796; rue St. Louis du Palais, n.º 18.

53.ᵉ VISCONTI (Ennius Quirinus), antiquaire. Membre de l'Institut de France et de la Légion d'honneur; conservateur des antiques au Musée central des arts; des Académies de Marseille; des beaux-arts de Stockolm; de Sienne; des Arcades de Rome. Reçu le . . . . 1803; quai Malaquais, n.º 1.

54.°

55.°

56.°

57.°

58.°

(12)

59.ᵉ

60.ᵉ

MEMBRES ASSOCIÉS-LIBRES.

1.ᵉʳ ANDRIEUX (François-Guillaume-Jean-Stanislas), professeur de
littérature à l'école Polytechnique. Bibliothécaire de S. M. le
Roi de Naples ; membre de l'Institut de France et de la Légion
d'honneur. Reçu le . . . . 1804 ; rue de Vaugirard ,
n.° 27.

2.ᵉ ARNAULT (Ant.-Vincent), chef de la division d'instruction publique au Ministère de l'Intérieur. Membre de l'Institut de
France et de la Légion d'honneur ; de l'Athénée de Lyon ; des
Sociétés littéraires de Nîmes , Toulouse , etc. ; de l'Académie
de Madrid. Reçu le 11 mai 1798 ; rue de Grenelle , n.° 103 ,
faub. St. Germain.

3.ᵉ BRÉGUET (Louis), horloger-mécanicien. Reçu le 23 septembre
1789 ; quai des Morfondus , n.° 79.

4.ᵉ CUVIER (Jacques) , professeur d'histoire naturelle au Muséum
d'histoire naturelle et au Collége de France. Secrétaire-per-
pétuel de l'Institut de France , classe de Sciences physiques
et mathématiques. Reçu le 19 juin 1796 ; au Jardin des plantes.

5.ᵉ FRANÇOIS DE NEUFCHATEAU , sénateur. Grand officier de la Légion
d'honneur. De l'Institut de France ; dés Sociétés d'agricul-

ture ; d'encouragement pour l'industrie nationale , etc. Reçu le 23 septembre 1798 ; rue d'Enfer , n.º 34.

6.ᵉ Gardel (Pierre-Gabriel), chorégraphe de l'Académie impériale de musique. Reçu le 1.ᵉʳ avril 1798.

7.ᵉ Gohier (Louis-Jérôme), commissaire-général des Relations commerciales en Hollande. Littérateur ; membre de la Légion d'honneur. Reçu le 22 mars 1799 ; à Amsterdam.

8.ᵉ Lansel (Jean-Ant.), chef au Ministère de l'Intérieur. De la Légion d'honneur ; de l'Athénée des arts ; des Sociétés, académique des sciences ; d'encouragement pour l'industrie nationale de Paris. De l'Académie de législation, des Académies de Dijon et du département du Gard ; des Sociétés de Marseille ; d'émulation d'Anvers ; d'émulation et d'agriculture du département de l'Ain ; de Toulouse , etc. Reçu le 19 août 1796 ; rue des Fossés-Montmartre, passage du Vigan.

9.ᵉ Leclerc (Claude-Barthelemy-Jean), premier médecin de S. M. l'Impératrice-Reine. Professeur à l'école de Médecine de Paris. Reçu le . . . . 1804 ; rue des Fossés M. le Prince, n.º 12.

10.ᵉ Regnault (Jean-Baptiste), peintre. Professeur aux écoles spéciales de peinture ; membre de l'Institut de France et de la Légion d'honneur. Administrateur honoraire du Musée central des arts : de la Société académique des enfans d'Apollon. Reçu le 12 mars 1798 ; rue Guénégaud, n.º 15.

11.ᵉ Regnault de St. Jean d'Angely (Michel-Louis-Etienne), secrétaire de l'Etat de la famille impériale ; grand procureur de S. M. impériale et royale près sa haute Cour ; ministre d'Etat président de la section de l'Intérieur ; grand officier de la Légion d'honneur. De l'Institut de France : honoraire de l'Académie de la Rochelle ; des Sociétés, d'agriculture de Paris, Tours, Xaintes, etc. Reçu le 24 septembre 1799, rue du Mont-Blanc, n.º 47.

12.ᵉ Sicard (Roch-Ambroise), directeur de l'institution des Sourds-

(14)

Muets de naissance; de l'Institut de France, etc. Reçu le
7 octobre 1796; à l'Institution, rue du faub. St. Jacques.

13.°

14.°

15.°

16.°

17.°

18.

19.^e

20.^e

MEMBRES ASSOCIÉS-CORRESPONDANS.

1.er ACHER, juge à la Cour d'appel . . . . AMIENS.
2.e ACHET, ancien magistrat, rue de Tournon, n.º 6. PARIS.
3.e ARTAUD-SOULANGES, professeur de l'Université . GOTTINGUE.
4.e ATHENAZ, directeur des monnoies. . . . . NANTES.
5.e BERTHOLIO, grand juge, membre de la Légion
d'honneur. GUADELOUPE.
6.e BLUMENBACH, professeur. . . . . GOTTINGUE.
7.e BOINVILLIERS, professeur de belles-lettres. . . . BEAUVAIS.
8.e BRIQUET-BREVILLE . . . . BAYONNE.
9.e CIZOS DU PLESSIS . . . . BORDEAUX.
10.e COURTADES . . . . TARBES.
11.e DANDRÉ, du corps électoral du département de
Vaucluse, rue Poissonnière, n.º 21. . . . . . . PARIS.
12.e DUFRESNOY, docteur médecin, professeur de botanique . . . . VALENCIENNES.
13.e DUFOUR, commissaire des guerres, à . . . . . . L'ARMÉE.
14.e FEDER, cons.-d'État, directeur du Georgianum. HANOVRE.

15.e GIRARD, général de brigade, commandant de la
    Légion d'honneur, à . . . .   L'ARMÉE.

16.e GRIFFITS, homme de lettres. . . . .   LONDRES.

17.e GUILLAUME, professeur . . . . MONTPELLIER.

18.e GUILLEMET, professeur de chymie . . . . .   BESANÇON.

19.e HEYNE, professeur de l'Université et secrétaire
    perpétuel de l'Académie royale . . . . . . GOTTINGUE.

20.e HELFLINGER, ministre de France : de la Légion
    d'honneur . . . . HESSE-DARMSTADT.

21.e HOUEL, graveur peintre, rue St. Honoré, hôtel
    d'Aligre. . . . .   PARIS.

22.e LACOSTE, de Plaisance, professeur d'histoire na-
    turelle. . . . . CLERMONT-FERRAND.

23.e LAMARCK, de l'Institut de France, professeur de
    botanique, Jardin des plantes. . . . . . .   PARIS.

24.e LEBOUVIER-DESMORTIERS, ancien magistrat. . .   NANTES.

25.e LECLERC, ingénieur des bâtimens civils . . .   ROCHEFORT.

26.e LOMBARD, officier de santé . . . . STRASBOURG.

27.e MAUDUIT-LARIVE, professeur de déclamation. .   NAPLES.

28.e MAURICE, secrétaire de la Société des arts. . .   GENÈVE.

29.e MERLET, professeur de botanique . . . . .   ANGERS.

30.e MOLLEVAUX, professeur au Lycée impérial . .   NANCY.

31.e MIDI DU BOSGUAROULT . . . .   ROUEN.

32.e MORANGES, musicien . . . . ST. PÉTERSBOURG.

33.e MOREAU, général. . . . .   ETATS-UNIS.

34.e PETIOT, docteur médecin. . . . . MONTPELLIER.

35.e PICTET, professeur de philosophie . . . . . .   GENÈVE.

36.e PILLEMENT, peintre. . . . .   PÉZENAS.

37.e PIGAULT-MAUBAILLARCQ. . . . .   CALAIS.

38.e PLANTADE, maître de chapelle de S. M. le Roi
    de Hollande . . . .   UTRECHT.

39.e POULINDEFLINS, ancien professeur de belles-lettres. CHARTRES.

40.e PREVOT, professeur . . . .   GENÈVE.

41.^e

41.ᵉ Ramberg, peintre de S. M. Britannique. . . . Hanovre.

42.ᵉ Raymond, professeur directeur de l'école communale. . . . . Chambéry.

43.ᵉ Ribou, du Corps Législatif et de la Légion d'honneur . . . . Bourg—l'Ain.

44.ᵉ St. Martin, juge à la Cour d'Appel . . . . Trèves.

45.ᵉ Say, ex-tribun . . . . Abbeville.

46.ᵉ Sigaut-de-Lafond, professeur de physique . . Bourges.

47.ᵉ Tiesset, professeur de littérature anglaise. Boulogne-sur-mer.

48.ᵉ Tourzel, au château d'Abondance. . . . . Dreux.

Nota. Les Correspondans que leurs affaires retiendront plus de trois mois à Paris, recevront le jeton aux mêmes conditions que les Résidans et les Associés-libres.

Certifié conforme, à Paris, ce 1.ᵉʳ janvier 1808.

Signé, Mangourit,

Archiviste-bibliothécaire de la Société Philotechnique.

Bon à imprimer au nombre de deux cents exemplaires.

Signé, Cambry, *président.* —Jos. Lavallée, *secrétaire perpétuel.*

Sauvage, *vice-présid.*—La Chabeaussiere, *secr. perp. adjoint.*

Chauvet, *trésorier.* —Veau de Launay, *secrét. temporaire.*

———————

STATUTS

DE

LA SOCIÉTÉ PHILOTECHNIQUE,

DIVISÉS EN QUATRE TITRES.

TITRE PREMIER.

Organisation de la Société.

TITRE II.

Présentations et Admissions.

TITRE III.

Travaux et Devoirs.

TITRE IV.

Séances particulières et publiques.

TITRE PREMIER.

Organisation de la Société.

ARTICLE PREMIER.

1. DES savans, des gens de lettres et des artistes, sous les dénominations d'Associés-Résidans au nombre de soixante, d'Associés-Libres au nombre de vingt, et d'Asociés-Correspondans en nombre indéfini, composent la Société Philotechnique.

ART. II.

2. Le Bureau de la Société est composé d'un Président, d'un Vice-Président, d'un Secrétaire-général, d'un Secrétaire-général adjoint, d'un Secrétaire temporaire ; d'un Trésorier et d'un Archiviste-Bibliothécaire.

ART. III.

3. Le choix de ces officiers se fait au scrutin secret, à la majorité absolue.

ART. IV.

4. Les Secrétaires-perpétuels sont perpétuels. — L'exercice du Trésorier et de l'Archiviste dure un an : ils peuvent être réélus. — La durée des fonctions de Président, de Vice-Président et de Secrétaire temporaire, est de trois mois, à l'expiration desquels ils peuvent être continués trois autres mois seulement.

ART. V.

5. Le Bureau s'assemble pour décider d'objets purement administratifs : il convoque, au besoin, des assemblées extraordinaires, et nomme les commissions desquelles il fait partie.

Art. VI.

6. Les motifs qui déterminent les Associés résidans à passer parmi les Associés-Libres dispensent ceux-ci de toutes fonctions.

TITRE II.

Présentations et Admissions.

Article premier.

7. Pour devenir Associé-Résidant, le candidat inscrira chez le Secrétaire-général ses noms et prénoms, ses qualités et sa demeure, certifiés par deux Membres présentateurs. En cas d'empêchement légitime, une lettre signée de lui et remise par ces deux Membres suffit, avec leurs seings, pour valider son inscription.

Les Présentateurs répondent des mœurs et de la sociabilité du présenté.

Art. II.

8. L'Associé-Résidant qu'un âge avancé, des infirmités habituelles, des absences longues et impératives priveraient d'assister régulièrement aux travaux, écrit au Président pour demander à passer parmi les Associés-Libres. — La Société en délibère et statue au scrutin secret.

Art. III.

9. Les savans, gens de lettres et artistes nationaux ou étrangers, avantageusement connus, qui désirent l'affiliation en qualité d'Associés-Correspondans, font présenter leur vœu par deux Associés-Résidans : d'après leur rapport, la Société passe au scrutin.

Art. IV.

10. L'Associé-Résidant quittant Paris, devient Associé-Correspondant, s'il en témoigne le désir. — L'Associé-Correspondant perd son titre en s'y fixant. L'Associé-Libre, en remplissant ses engage-

mens, ne perd jamais le sien et reçoit le jeton, s'il est présent aux distributions.

Art. V.

11. L'Associé-Correspondant, voulant se faire admettre Associé-Résidant, use des formes prescrites pour les candidats.

Art. VI.

12. Le nombre des vingt Associés-Libres une fois rempli, nul ne pourra prétendre à la vétérance qu'après six ans d'association en qualité d'Associé-Résidant; sauf des considérations majeures jugées suffisantes d'après un rapport.

Art. VII.

13. Si des affaires appellent un Associé-Correspondant à Paris, et qu'il y prolonge son séjour au-delà de trois mois, il recevra le jeton aux mêmes conditions que l'Associé-Résidant.

Art. VIII.

14. L'Associé-Résidant reçoit le jeton quand il a assisté à deux des trois séances qui précèdent celle de la distribution : il est réputé démissionnaire, s'il n'a pas paru aux séances de la Société pendant six mois consécutifs, ou s'il n'a pas satisfait à ses autres obligations.

TITRE III.

Travaux et Devoirs.

Article premier.

15. Les Associés-Résidans, Libres et Correspondans doivent à la Société un morceau de leur composition, dans le sémestre qui suit leur admission.

Art. II.

16. Ils sont invités à communiquer à la Société, au moins un de

leurs ouvrages, dans le cours de l'année : si ces ouvrages sont des-
tinés à faire partie des Mémoires de la Société, ils sont passés au
scrutin.

Art. III.

17. Les Associés-Résidans, Libres et Correspondans sont invités
à en prendre le titre en tête de leurs ouvrages.

Art. IV.

18. En cas de maladie grave ou d'événemens heureux survenus à
l'un de ses Membres, la Société lui adresse une députation.

Art. IV.

19. La Société assiste aux obsèques d'un Membre décédé. Sa notice
nécrologique est prononcée en séance publique, et sa famille est
invitée à y assister.

TITRE IV.

Séances particulières et publiques.

Article premier.

20. Les matières politiques n'étant nullement du ressort de la
Société, elle s'interdit toute discussion étrangère aux Siences, aux
Lettres et aux Arts.

Art. II.

21. Elle s'assemble les *deux*, *douze* et *vingt-deux* de chaque mois.

Art. III.

22. Aux assemblées du *deux* seulement, on discute les objets régle-
mentaires, on procède aux admissions, et le Trésorier fait la distribution des jetons.

Art. IV.

23. Il faut au moins quinze Membres ayant voix délibérative
pour former un article réglementaire, et pour procéder à l'admission d'un candidat.

(23)
Art. V.

24. Les Associés-Résidans et Libres ont voix délibérative.—Les Associés-Correspondans l'ont consultative.

Art. VI.

25. La Société tient, par chaque année, quatre séances publiques.

Art. VII.

26. Les Membres de la Société qui professent les arts qui ont pour base le dessin, ont la faculté d'exposer leurs ouvrages aux séances publiques, de l'agrément de la Société.

Art. VIII.

27. Chacune de ces séances, autant que possible, est terminée par un morceau de chant, dont la poésie et la musique sont de la composition d'un membre de la Société.

La Société Philotechnique, après avoir approuvé la rédaction des statuts ci-dessus, contenant quatre Titres et vingt-sept articles, arrête qu'ils seront inscrits sur ses registres, et observés comme lois fondamentales.

Fait au Palais National des Sciences et des Arts : le 23 décembre 1802.

Signé, VALENCIENNES, *président ;*
MANGOURIT, *vice-président ;*
JOSEPH LAVALLÉE, *secrétaire-général et perpetuel ;*
SAY, *secrétaire temporaire.*
CHAUVET, *trésorier.*

Membres de la Commission administrative.
{ FRAMERY,
LEBARBIER l'aîné,
ROTROU.

Liste